心一堂術數珍本古籍叢刊

書名：擲地金聲搜精秘訣【新修訂版】
系列：心一堂術數古籍珍本叢刊　占筮類　第一輯　1
作者：心一堂編
主編、責任編輯：陳劍聰
心一堂術數古籍珍本叢刊編校小組：陳劍聰　素聞　梁松盛　鄒偉才　虛白盧主

出版：心一堂有限公司
通訊地址：香港九龍旺角彌敦道六一〇號荷李活商業中心十八樓〇五—〇六室
深港讀者服務中心：中國深圳市羅湖區立新路六號羅湖商業大厦負一層〇〇八室
電話號碼：(852)67150840
網址：publish.sunyata.cc
電郵：sunyatabook@gmail.com
網店：http://book.sunyata.cc
淘寶店地址：https://shop210782774.taobao.com
微店地址：https://weidian.com/s/1212826297
臉書：https://www.facebook.com/sunyatabook
讀者論壇：http://bbs.sunyata.cc/

版次：二零一五年一月初版
平裝

港幣　九十八元正
定價：人民幣　九十八元正
新台幣　三百八十元正

國際書號：ISBN 978-988-8316-22-9

香港發行：香港聯合書刊物流有限公司
地址：香港新界大埔汀麗路36號中華商務印刷大廈3樓
電話號碼：(852)2150-2100
傳真號碼：(852)2407-3062
電郵：info@suplogistics.com.hk

台灣發行：秀威資訊科技股份有限公司
地址：台灣台北市內湖區瑞光路七十六巷六十五號一樓
電話號碼：+886-2-2796-3638
傳真號碼：+886-2-2796-1377
網絡書店：www.bodbooks.com.tw
台灣國家書店讀者服務中心：
地址：台灣台北市中山區松江路二〇九號一樓
電話號碼：+886-2-2518-0207
傳真號碼：+886-2-2518-0778
網絡書店：http://www.govbooks.com.tw

中國大陸發行　零售：深圳心一堂文化傳播有限公司
深圳地址：深圳市羅湖區立新路六號羅湖商業大厦負一層〇〇八室
電話號碼：(86)0755-82224934

心一堂微店二維碼

心一堂淘寶店二維碼

心一堂術數古籍珍本整理叢刊總序

術數定義

術數，大概可謂以「推算（推演）、預測人（個人、群體、國家等）、事、物、自然現象、時間、空間方位等規律及氣數，並或通過種種『方術』，從而達致趨吉避凶或某種特定目的」之知識體系和方法。

術數類別

我國術數的內容類別，歷代不盡相同，例如《漢書・藝文志》中載，漢代術數有六類：天文、曆譜、五行、蓍龜、雜占、形法。至清代《四庫全書》，術數類則有：數學、占候、相宅相墓、占卜、命書、相書、陰陽五行、雜技術等，其他如《後漢書・方術部》、《藝文類聚・方術部》、《太平御覽・方術部》等，對於術數的分類，皆有差異。古代多把天文、曆譜、及部分數學均歸入術數類，而民間流行亦視傳統醫學作為術數的一環；此外，有些術數與宗教中的方術亦往往難以分開。現代民間則常將各種術數歸納為五大類別：命、卜、相、醫、山，通稱「五術」。

本叢刊在《四庫全書》的分類基礎上，將術數分為九大類別：占筮、星命、相術、堪輿、選擇、三式、讖諱、理數（陰陽五行）、雜術（其他）。而未收天文、曆譜、算術、宗教方術、醫學。

術數思想與發展——從術到學，乃至合道

我國術數是由上古的占星、卜筮、形法等術發展下來的。其中卜筮之術，是歷經夏商周三代而通過「龜卜、蓍筮」得出卜（筮）辭的一種預測（吉凶成敗）術，之後歸納並結集成書，此即現傳之《易

經》。經過春秋戰國至秦漢之際，受到當時諸子百家的影響、儒家的推祟，遂有《易傳》等的出現，原本是卜筮術書的《易經》，被提升及解讀成有包涵「天地之道（理）」之學。因此，《易·繫辭傳》曰：「易與天地準，故能彌綸天地之道。」

漢代以後，易學中的陰陽學說，與五行、九宮、干支、氣運、災變、律曆、卦氣、讖緯、天人感應說等相結合，形成易學中象數系統。而其他原與《易經》本來沒有關係的術數，如占星、形法、選擇，亦漸漸以易理（象數學說）為依歸。《四庫全書·易類小序》云：「術數之興，多在秦漢以後。要其旨，不出乎陰陽五行，生尅制化。實皆《易》之支派，傅以雜說耳。」至此，術數可謂已由「術」發展成「學」。

及至宋代，術數理論與理學中的河圖洛書、太極圖、邵雍先天之學及皇極經世等學說給合，通過術數以演繹理學中「天地中有一太極，萬物中各有一太極」（《朱子語類》）的思想。術數理論不單已發展至十分成熟，而且也從其學理中衍生一些新的方法或理論，如《梅花易數》、《河洛理數》等。

在傳統上，術數功能往往不止於僅僅作為趨吉避凶的方術，及「能彌綸天地之道」的學問，亦有其「修心養性」的功能，「與道合一」（修道）的內涵。《素問·上古天真論》：「上古之人，其知道者，法於陰陽，和於術數。」數之意義，不單是外在的算數、歷數、氣數，而是與理學中同等的「道」、「理」--心性的功能，北宋理氣家邵雍對此多有發揮：「聖人之心，是亦數也」、「萬化萬事生乎心」、「心為太極」。《觀物外篇》：「先天之學，心法也。……蓋天地萬物之理，盡在其中矣，心一而不分，則能應萬物。」反過來說，宋代的術數理論，受到當時理學、佛道及宋易影響，認為心性本質上是等同天地之太極。天地萬物氣數規律，能通過內觀自心而有所感知，即是內心也已具備有術數的推演及預測、感知能力；相傳是邵雍所創之《梅花易數》，便是在這樣的背景下誕生。

《易·文言傳》已有「積善之家，必有餘慶；積不善之家，必有餘殃」之說，至漢代流行的災變說及讖緯說，我國數千年來都認為天災，異常天象（自然現象），皆與一國或一地的施政者失德有關；下至家族、個人之盛衰，也都與一族一人之德行修養有關。因此，我國術數中除了吉凶盛衰理數之外，人心的德行修養，也是趨吉避凶的一個關鍵因素。

術數與宗教、修道

在這種思想之下，我國術數不單只是附屬於巫術或宗教行為的方術，又往往是一種宗教的修煉手段--通過術數，以知陰陽，乃至合陰陽（道）。「其知道者，法於陰陽，和於術數。」例如，「奇門遁甲」術中，即分為「術奇門」與「法奇門」兩大類。「法奇門」中有大量道教中符籙、手印、存想、內煉的內容，是道教內丹外法的一種重要外法修煉體系。甚至在雷法一系的修煉上，亦大量應用了術數內容。此外，相術、堪輿術中也有修煉望氣（氣的形狀、顏色）的方法；堪輿家除了選擇陰陽宅之吉凶外，也有道教中選擇適合修道環境（法、財、侶、地中的地）的方法，以至通過堪輿術觀察天地山川陰陽之氣，亦成為領悟陰陽金丹大道的一途。

易學體系以外的術數與的少數民族的術數

我國術數中，也有不用或不全用易理作為其理論依據的，如揚雄的《太玄》、司馬光的《潛虛》。也有一些占卜法、雜術不屬於《易經》系統，不過對後世影響較少而已。

外來宗教及少數民族中也有不少雖受漢文化影響（如陰陽、五行、二十八宿等學說。）但仍自成系統的術數，如古代的西夏、突厥、吐魯番等占卜及星占術，藏族中有多種藏傳佛教占卜術、苯教占卜術、擇吉術、推命術、相術等；北方少數民族有薩滿教占卜術；不少少數民族如水族、白族、布朗族、佤族、彝族、苗族等，皆有占雞（卦）草卜、雞蛋卜等術，納西族的占星術、占卜術，彝族畢摩的推命術、占卜術……等等，都是屬於《易經》體系以外的術數。相對上，外國傳入的術數以及其理論，對我國術數影響更大。

曆法、推步術與外來術數的影響

我國的術數與曆法的關係非常緊密。早期的術數中，很多是利用星宿或星宿組合的位置（如某星在某州或某宮某度）付予某種吉凶意義，并據之以推演，例如歲星（木星）、月將（某月太陽所躔之宮次）等。不過，由於不同的古代曆法推步的誤差及歲差的問題，若干年後，其術數所用之星辰的位置，已與真實星辰的位置不一樣了；此如歲星（木星），早期的曆法及術數以十二年為一周期（以應地支），與木星真實周期十一點八六年，每幾十年便錯一宮。後來術家又設一「太歲」的假想星體來解決，是歲星運行的相反，週期亦剛好是十二年。而術數中的神煞，很多即是根據太歲的位置而定。又如六壬術中的「月將」，原是立春節氣後太陽躔娵訾之次而稱作「登明亥將」，至宋代，因歲差的關係，要到雨水節氣後太陽才躔娵訾之次，當時沈括提出了修正，但明清時六壬術中「月將」仍然沿用宋代沈括修正的起法沒有再修正。

由於以真實星象周期的推步術是非常繁複，而且古代星象推步術本身亦有不少誤差，大多數術數除依曆書保留了太陽（節氣）、太陰（月相）的簡單宮次計算外，漸漸形成根據干支、日月等的各自起例，以起出其他具有不同含義的眾多假想星象及神煞系統。唐宋以後，我國絕大部分術數都主要沿用這一系統，也出現了不少完全脫離真實星象的術數，如《子平術》、《紫微斗數》、《鐵版神數》等。後來就連一些利用真實星辰位置的術數，如《七政四餘術》及選擇法中的《天星選擇》，也已與假想星象及神煞混合而使用了。

隨着古代外國曆（推步）、術數的傳入，如唐代傳入的印度曆法及術數，元代傳入的回回曆等，其中我國占星術便吸收了印度占星術中羅睺星、計都星等而形成四餘星，又通過阿拉伯占星術而吸收了其中來自希臘、巴比倫占星術的黃道十二宮、四大（四元素）學說（地、水、火、風），並與我國傳統的二十八宿、五行說、神煞系統並存而形成《七政四餘術》。此外，一些術數中的北斗星名，不用我國傳統的星名：天樞、天璇、天璣、天權、玉衡、開陽、搖光，而是使用來自印度梵文所譯的：貪狼、巨門、祿存、文曲，廉貞、武曲、破軍等，此明顯是受到唐代從印度傳入的曆法及占星術所影響。如星命術中的《紫微斗數》及堪輿術中的《撼龍經》等文獻中，其星皆用印度譯名。及至清初《時憲曆》，置閏之法則改用西法「定氣」。清代以後的術數，又作過不少的調整。

此外，我國相術中的面相術、手相術，唐宋之際受印度相術影響頗大，至民國初年，又通過翻譯歐西、日本的相術書籍而大量吸收歐西相術的內容，形成了現代我國坊間流行的新式相術。

陰陽學——術數在古代、官方管理及外國的影響

術數在古代社會中一直扮演着一個非常重要的角色，影響層面不單只是某一階層、某一職業、某一年齡的人，而是上自帝王，下至普通百姓，從出生到死亡，不論是生活上的小事如洗髮、出行等，大事如建房、入伙、出兵等，從個人、家族以至國家，從天文、氣象、地理到人事、軍事，從民俗、學術到宗教，都離不開術數的應用。我國最晚在唐代開始，已把以上術數之學，稱作陰陽（學），行術數者稱陰陽人。（敦煌文書、斯四三二七唐《師師漫語話》：「以下說陰陽人謾語話」，此說法後來傳入日本，今日本人稱行術數者為「陰陽師」）。一直到了清末，欽天監中負責陰陽術數的官員中，以及民間術數之士，仍名陰陽生。

古代政府的中欽天監（司天監），除了負責天文、曆法、輿地之外，亦精通其他如星占、選擇、堪輿等術數，除在皇室人員及朝庭中應用外，也定期頒行日書、修定術數，使民間對於天文、日曆用事吉凶及使用其他術數時，有所依從。

我國古代政府對官方及民間陰陽學及陰陽官員，從其內容、人員的選拔、培訓、認證、考核、律法監管等，都有制度。至明清兩代，其制度更為完善、嚴格。

宋代官學之中，課程中已有陰陽學及其考試的內容。（宋徽宗崇寧三年〔一一零四年〕崇寧算學令：「諸學生習……並曆算、三式、天文書。」「諸試……三式即射覆及預占三日陰陽風雨。天文即預

定一月或一季分野災祥，並以依經備草合問為通。」

金代司天臺，從民間「草澤人」（即民間習術數人士）考試選拔：「其試之制，以《宣明曆》試推步，及《婚書》、《地理新書》試合婚、安葬，並《易》筮法，六壬課、三命、五星之術。」（《金史》卷五十一・志第三十二・選舉一）

元代為進一步加強官方陰陽學對民間的影響、管理、控制及培育，除沿襲宋代、金代在司天監掌管陰陽學及中央的官學陰陽學課程之外，更在地方上增設陰陽學課程（《元史・選舉志一》：「世祖至元二十八年夏六月始置諸路陰陽學。」）地方上也設陰陽學教授員，培育及管轄地方陰陽人。（《元史・選舉志一》：「（元仁宗）延祐初，令陰陽人依儒醫例，於路、府、州設教授員，凡陰陽人皆管轄之，而上屬於太史焉。」）自此，民間的陰陽術士（陰陽人），被納入官方的管轄之下。

至明清兩代，陰陽學制度更為完善。中央欽天監掌管陰陽學，明代地方縣設陰陽學正術，各州設陰陽學典術，各縣設陰陽學訓術。陰陽人從地方陰陽學肄業或被選拔出來後，再送到欽天監考試。（《大明會典》卷二二三：「凡天下府州縣舉到陰陽人堪任正術等官者，俱從吏部送（欽天監），考中，送回選用；不中者發回原籍為民，原保官吏治罪。」）清代大致沿用明制，凡陰陽術數之流，悉歸中央欽天監及地方陰陽官員管理、培訓、認證。至今尚有「紹興府陰陽印」、「東光縣陰陽學記」等明代銅印，及某某縣某某之清代陰陽執照等傳世。

清代欽天監漏刻科對官員要求甚為嚴格。《大清會典》「國子監」規定：「凡算學之教，設肄業生。滿洲十有二人，蒙古、漢軍各六人，於各旗官學內考取。漢十有二人，於舉人、貢監生童內考取。附學生二十四人，由欽天監選送。教以天文演算法諸書，五年學業有成，舉人引見以欽天監博士用，貢監生童以天文生補用。」學生在官學肄業、貢監生肄業或考得舉人後，經過了五年對天文、算法、陰陽學的學習，其中精通陰陽術數者，會送往漏刻科。而在欽天監供職的官員，《大清會典則例》「欽天監」規定：「本監官生三年考核一次，術業精通者，保題升用。不及者，停其升轉，再加學習。如能黽勉供職，即予開復。仍不及者，降職一等，再令學習三年，能習熟者，准予開復，仍不能者，黜退。」除定期考核以定其升用降職外，《大清律例》中對陰陽術士不準確的推斷（妄言禍福）是要治罪的。《大清律例．一七八．術七．妄言禍福》：「凡陰陽術士，不許於大小文武官員之家妄言禍福，違者杖一百。其依經推算星命卜課，不在禁限。」大小文武官員延請的陰陽術士，自然是以欽天監漏刻科官員或地方陰陽官員為主。

官方陰陽學制度也影響鄰國如朝鮮、日本、越南等地，一直到了民國時期，鄰國仍然沿用着我國的多種術數。而我國的漢族術數，在古代甚至影響遍及西夏、突厥、吐蕃、阿拉伯、印度、東南亞諸國。

術數研究

術數在我國古代社會雖然影響深遠，「是傳統中國理念中的一門科學，從傳統的陰陽、五行、九宮、八卦、河圖、洛書等觀念作大自然的研究。……傳統中國的天文學、數學、煉丹術等，要到上世紀中葉始受世界學者肯定。可是，術數還未受到應得的注意。術數在傳統中國科技史、思想史，文化史、社會史，甚至軍事史都有一定的影響。……更進一步了解術數，我們將更能了解中國歷史的全貌。」（何丙郁《術數、天文與醫學中國科技史的新視野》，香港城市大學中國文化中心。）

可是術數至今一直不受正統學界所重視，加上術家藏秘自珍，又揚言天機不可洩漏，「（術數）乃吾國科學與哲學融貫而成一種學說，數千年來傳衍嬗變，或隱或現，全賴一二有心人為之繼續維繫，賴以不絕，其中確有學術上研究之價值，非徒癡人說夢，荒誕不經之謂也。其所以至今不能在科學中成立一種地位者，實有數因。蓋古代士大夫階級目醫卜星相為九流之學，多恥道之；而發明諸大師又故為惝恍迷離之辭，以待後人探索；間有一二賢者有所發明，亦秘莫如深，既恐洩天地之秘，復恐譏為旁門左道，始終不肯公開研究，成立一有系統說明之書籍，貽之後世。故居今日而欲研究此種學術，實一極困難之事。」（民國徐樂吾《子平真詮評註》，方重審序）

現存的術數古籍，除極少數是唐、宋、元的版本外，絕大多數是明、清兩代的版本。其內容也主要是明、清兩代流行的術數，唐宋或以前的術數及其書籍，大部分均已失傳，只能從史料記載、出土文獻、敦煌遺書中稍窺一鱗半爪。

術數版本

坊間術數古籍版本，大多是晚清書坊之翻刻本及民國書賈之重排本，其中豕亥魚魯，或任意增刪，往往文意全非，以至不能卒讀。現今不論是術數愛好者，還是民俗、史學、社會、文化、版本等學術研究者，要想得一常見術數書籍的善本、原版，已經非常困難，更遑論如稿本、鈔本、孤本等珍稀版本。在文獻不足及缺乏善本的情況下，要想對術數的源流、理法、及其影響，作全面深入的研究，幾不可能。

有見及此，本叢刊編校小組經多年努力及多方協助，在海內外搜羅了二十世紀六十年代以前漢文為主的術數類善本、珍本、鈔本、孤本、稿本、批校本等數百種，精選出其中最佳版本，分別輯入兩個系列：

一、心一堂術數古籍珍本叢刊

二、心一堂術數古籍整理叢刊

前者以最新數碼（數位）技術清理、修復珍本原本的版面，更正明顯的錯訛，部分善本更以原色彩色精印，務求更勝原本。并以每百多種珍本、一百二十冊為一輯，分輯出版，以饗讀者。

後者延請、稿約有關專家、學者，以善本、珍本等作底本，參以其他版本，古籍進行審定、校勘、注釋，務求打造一最善版本，方便現代人閱讀、理解、研究等之用。

限於編校小組的水平，版本選擇及考證、文字修正、提要內容等方面，恐有疏漏及舛誤之處，懇請方家不吝指正。

心一堂術數古籍　珍本 / 整理　叢刊編校小組

二零零九年七月序

二零一四年九月第三次修訂

擲地金聲搜精秘訣

乾 健也 四月卦 伏酉兑 此離家絕命 占病凶

見龍在于田大人利見爲童稚占此卦壽夭不堪

言与妻不和命住屋宜再遷風水三房在鰥夫守

子錢

古宅、地是軍業、否則龍虎畔、是、軍居、龍邊住人無子

宜養蜈蚣、有人非死則病　則氣熱之症、福人居

有官貴人居之衰敗還古蹟、住宅虎頭佛、有顛大

碓迸路迸門前三角塘、後頭枯樹損牛羊、化艮主犬妖、化巽主貧色、動合本命、必有新臺醜行、此家出石匠、

占坟三層土落穴、只出一子、第九位塋後有爭、旺四房八房、裏一房三房、龍边有神廟、否則古跡靈壇之蠢、

占天(時)主旱、至九月有雨、　占尋人、主路工遇見、或在九日內、

占求財、宜自身、六人分、得、亥卯未日得、

占婚姻、其女無兄弟、与男家有親、　占病頭痛、廟鬼為祟、
占遺失、早晨失去、近香火边、值空难尋、
占産育、產在中子辰日、或九日、六爻不動生男、動爻
生女、孕婦止生一子、更不再生、
占訟、官刑、為爭財等訟、牽連八九人、內中一人無子、
一人跛足、一鰥夫、
占出行、宜遠行、利西北方、不利東南、防有足患、
占盜、往南方廟中、間乞丐、可得消息、九月日見、

占行人、一人而已、有同各散、申子辰日、或九日方回、姤遇也　五月卦、伏子子、此離家外戒、弗惹外災、

男姤死其妻、女姤為後閨爹娘重拜望、子孫少提携雁群王四個、別後兩東西、白手成家業、官事莫憂暌

占宅、住居龍眉、後有斜土角、虎邊前有曲墻（灣）、或巷、地、前有一漏、或潭、或涮池之類、庚辛日占、前有池塘水井、壬癸日占、前有橋道血才、夏月占、男驕奢、女

天折、子隨母嫁婦望夫回、门戶冲倒、棟梁歆斜、卦
一陰五陽必有爭婚招郎之事、或出寡婦、浮絕戶
人業、二堤、相連井、父傷産雑、高坑、損牛羊、外動神
坛為咎、內動妖邪為災、灶位、汙穢、原或猪欄、四屋
有女子、為人後妻、其家婦人性急、有淫行、人有短
舌、家主産兇、
占天時、密雲不雨　占盜、在西方、南方
占出行宜北方、為損人留、為有留、

占婚姻、再嫁之女、有口舌、少年為媒、

占風水、只陰穴吉、墓多出女

占病、陰鬼為禍、氣急心痛、男凶女吉

占尋人、在南方、親戚家、未申日可見、

占遺失、有婦人在内、因口舌致之、死物在水溝中、[illegible]、

物在窩中难尋、或西南方、古井边、一陰人見明、

占求財、有五人在内、乃口舌之財、防婦人說破、

占訟事宜和、

遯退也、　六月卦、伏寅才此離家內戚、
朋党出天山。君子只待閒。经商蝕大本，男女守孤
单。訟卒宜退避。暴病遍月安。三姓基業支，寄足白
雲間。

古宅五月艮灾起、三秋病难痊、黄牛休負耜、白馬莫
攀鞍、首饰防私盗、早覔道士安、父先死、家無嗣、住
居後面、龙边有屈曲墙頭、或巷、又有小路、虎边有
土墩、前有走山墻、或大路、此屋該三人同居、家有

陰人用事，龍边池參差有液水，必傷家長，後必女被拐，女人血死男人血亡，虎边一巷，寡婦守兒，或婆守孫，

占天亢旱、　占坟墓貧困、　占尋人不見、

占訟，因遷移而致禍，原告重，被告輕，五月訟凶，亦忌辰日占，或辰爻動，主獄直至長生日出、

占胎產宜男，二三次作痛方生，母子不全、

占婚姻，女必有奇醜，或爭婚，必到公庭、

占盜往東北山頭茅舍、又移左水边隈、 占行人巳午日見、
占遺失、死物外姓揚、生物山林園內遮难見、首飾私盜
本家人得、
占病、祀灶、酬愿、九月午鬼入墓、病难痊也、家有目疾
人、或療目之人、乃走馬運、防跌折之患、
否、閉塞也、 乙月卦。伏辰爻。此巽之骸骨。
否哉初来運。妻七才已分。龙盤虎踞勢。亥申貴地
存。継室者主業。廢妾兩衛君。可憐聾啞輩。终绝無

子孫。

占宅、虎边脚斜擺、龙边一砂、略斜、前有塭、或池塘、或有凹脊、椽欲傾、一木扶之、屋後有一直墻、三房退田筆、家有啞人、亦主人口不負、門外有竹林小巷曲尺屋、外姓住不穩、女婿連累小口啾唧、或損小口、両頭香火服事不安、鬼多人有疾二姓同居

占功名、蘇秦謀六國、　占遺失、女人見花酒中失

占訟不明之事、盜賊之冤、逢冬則吉、

占婚姻、不成、已艮揚為近地、午艮揚為耽聽夫妻不和、

占病、頭疼、寒熱、泄瀉、不能言語、占坎一層土落穴三房凶、

觀望也、 八月卦、伏午官、此巽之根椰、

覌望文章府。宜家從帝主。要世立孤業。楼居倫可取。商賈雷同居。公事和為貴。農舍悲亢旱。婦出有他寓。

占宅此屋主二姓人居、談黃葉范草頭人居之、先地基、係朱李楊林柯木字姓、物、虎邊有仕宦墓、虎角

有兩凹、左边住揚腳、虎頭住淂意若姓洪人、讀書、
其中必中高第、二姓同居、乃親戚、門近井、灶、在長
巷、床近灶人殘疾、無後祀、家有無主鬼、堤、大小頭
婦產亡、屋一年見佳景、因妻致富、

占婚姻不成二人為媒、　占產育、婁生女、值胎裏吉

占天冬夏風拔木、秋冬雨愆期、

占訟、文書不一、遷延、草頭口字人出和、

占遺失、在寺觀中、竹林間尋、玄武良、盜、剪柳中布、勾

兕婢偷匣中釵、
古坟、三層土落穴、或五層、長房出外、四房凤水、有古
坟連、墓有四壙、近竹木、
剥、落也、
剥落加君子。小人田産去。井畢西厨下。倉粟（嵗）考（久）盈（無）
宴（米）寄居亡别命。當防蛇怪語。天財藏地庫。惟利墳
宫女。
古宅、有凄路對門而来、或屋春墻東冲、二姓神不安、

架時梁傾被火刼、被人螫、猫面蛇背之徒、屋後有
參差三次方完工、龍边有刼殺、有未冠子同搆、水
内攞脚有两人死于水、剥家有停喪君、
占坟三層土落穴、前有水、面前明堂有水坑、左边一
枝路穴高、子持世、坟在液中、虎边有丘園、地势晄
峯尖、有土墩、否則有屋、

占功名、先难後易、

占婚姻、應鬼入宅、姦中女不吉、媒人勿托、

占病难痊、日重夜輕、呪咀所致、

占訟、因財爭鬧、身居父、被禁錮見官則脫、
占出行、北吉、南凶、行人三人同行、一人口缺、一人踩足、口舌致競未回、　占求財、有本無本、任意去求、
占盜賊、只在西南方、十里內、近傾屋處尋、必缺口
占遺失、在土中、不過三五家、已藏石中、父為窩所、那戌卯未藏窖難尋、六畜失而復還、牛去頭角、
占交易、先難後易、可杙、有黑面人說合、
占謁貴、防小人纔口、　占產育、是三胎人也、難產、非

踏蓮花生、或坐斗生、

晉、進也、 二月卦伏午官、此巽家肌肉

晉進鹿御書。一堆金寶餘。文章登俊士。浔句贈聖儒。王母門三女。嚴君世五嗣。能防鼂鼠竊。永益乹坤靜。

占宅、住居後有地、或园草埔脫落、南凹宜填補、凹下一横土、或後墻遮截吉、灶近井、門移東就西、三四刑冲人家非正門出入、門破宜修、家必進喜、長房

出祖次房歸宗、人寄死有灾、防哭泣之哀、不然主
兩口在外而亡、庭工鎮石湖、屋間貯銅器、乙未動
壁上挂葫蘆、已乙已動、棚間抽傀儡、酉持雀、則鷄入
灶、合三爻為是、已鎮青龍、則蛇來家、臨上爻、為馬、
古坟有二穴、一穴高、一穴低、如鴉落地、酉字穿目、丁
有目疾、下有二石、後有一横、下有兩古涵、先人扛
埋、根柩乃廢穴也、四房風水、長房尅妻、退業、出祖、
占訟經兩官、未得息、　古蚕主白殭、尚有利、

占婚姻可成、媒兩姓人、男家親也、　占産、主婢婆生、
木有寬也　正月卦、伏卯財、此離家塚墓
大有寬大堂。家積有大喪。一胎絶後甲。榮貴拜祖
先。經商傍人本猶懸進前妨。因妻成大富。男氏昔
奮妝。

占宅、先一公開基、係木字姓人、此地前細後大、旆边
山斜擺、或路不正行、正脈在左、兩勢宜下屋出一
双生、有目疾之患、左腰間一小路、斜入、宜除、又左

边一涵宜填、方主無疾、門戶不正、異姓仝居、係自親招贅婿、初二爻發、則老婦買孫、三四爻興、則須夫悔婦、女人有孕、有陰人不明之事、灶一新一舊、門半掩半開、父化財、屋蓋未成、父化父、一人住了一人住、父旺生世、是自蓋、父旺尅世、是他人蓋、丑方之子、定作高皮、

占坟逆取、背看一横土、下脫二土仔、厝边斜擺、龍边反一沙吉、穴近田、不解其意

占盜賊、在遠地之極难尋、

占病正南方犯来　占蚕桑吉

占訟、口字姓人是兇賊有女人在內、原告無事被告輸、　占婚再配之女、其女破相、又跛足脚焉、

占遺失坐物在半新半旧屋边、死物在溝边、

坎險也、　十月卦、伏巳財此坤家絕命、

坎險凶行船去婦都復還伏尸埋床下弟姪過泰闌戒尔勿訟事男婦掌家权穴塟浮砂地無蛇水口边

占宅、山迴水繞四畔是水、侵過他人地基、婦人坎坷、下水而亡、堤頭泥涵、屋角天窓、虎边有斜屋龍边人卧、病、因動土致疾、主有人被土所陷而亡、家有犯盜、不歇出夜行之徒、血疾之輩、左边有土堆旁病來相催、灶不淨、溝不通、卯方椽折、戌方壁壞、卯戌合、宜修壁、長房心痛、次房脾傷、另破灶漏家事女夭、眼盲、心腸疾、

占天、久雨少晴

占求才宜空手求、

占蚕难成主遭殃、

占病、落水鬼為禍、不進食、小占大吉、大占小凶、重病必死、
占婚姻、必次女、女好蕩、親夫不能正、
占產育、是次胎、男、女九歲难行、然因產亡、
占訟事、主戶婚田土之事、或因盜而訟、
占謀事、多反覆、我欲而他反、我反而他欲、鬼在中間、
終不成就、　占遺失、生物水边尋、死物糞堆尋、
節、止也、　十一月卦、伏寅子、比坤家內戒、
節儉致豐榮。閨女慕外情。文章猴鼠到。切忌服上

刑。吴黄未進契。独婦動姑霊。妾子傳後裔。逼奪主螟蛉。

占宅住居門前兩條水、明堂蔽竹木、小屋針前有田、庭有井、靠边一壙地、另有一墙、或巷、或攘唇直落、后有竹木、主出寡婦守孤兒、屋後灣水不齊墻毋為守寡娘。出入炉火生涯、係草木姓人、或陳邵郭人居、前吉後退、灶边靠石二為灶子、靠石臨之屋摧構木有限、占坟有三層土落穴、虎边厚、龍边薄、有一曲巷、或山勢不正、閃直落、遮截極吉、然非正穴坎兌故也作小員、內兌金為員、單爻亦為員也、兩古墓有戴成西方火庫才、有錢人、危山直脚、

占訟才持世、恃富欺人、應亥坎、彼狡奸、也、

六月卦、伏辰亥、此坤之冰戒、

占產、主生男、防毋苦泣為逢也。才帛兩姓分。士風多阻節。五子應经綸。社人争田地。進尸頼我門。致獄非刑典。陸地可

長存。

占宅、坐高、向低、澗水遶門、虎邊廟基、二姓同居、男重婚、婦因不正傾家、兇剛狠耗財、堂入水、唇邊良房、

占坟、水星行危、莖宜、根揶出入擺脚、四五見良非破才、路不正過房子震左坎內必有東房衰居明堂已水入三交水口有良水兩脚

占天、主晴霽

占婚姻、重婚、主先有情

占產、主踏蓮花坐斗生、不致傷母、

占遺失墻離破屋草木內去尋無才主難覓

既濟

正月卦。伏午才此兇家骸骨

既濟事奸雄兄弟不相容井地皮災起难逃桎梏

傷一牛生两犢犬肆路人殃小輩中外出耕讀始

為強水大人知己

占

宅填池壙之地艮方灶破非是牛欄近灶必安灶

位前呈店後有古坟必見傷灶边有涵或巷来崔

卯上為机青龙酉上為琹申爻為蛇硯音倒座虎

、頭对厠婦人脾劳下热上冷愚夫娶巧婦拙父生

賢孫改正明堂位宅旦骸骨未葬

占坟近人家虎边有水山势不直工是金星落穴前后有坟葬左腋中　占遗失在華屋或積木處尋

占天先晴後雨　占蚕主遭殃　占婚姻有眼疾

占求財無　產產育主晃胎

草改也　二月卦伏申爻乃冗家根榔

輩用黃牛草。家新礼物新。梅花千里雪。梅䔍一枝荣。过继承败業。嗣毋不相親。初生衍莊土。继出僧

道人

占宅乃艸地基草過爲新別危爲穴光離卦乃假皮作坎之枝也后有水繞過舍二門相冲至口舌穿心門女下水亡扛尸入宅家有停喪外浮人靴鞋灶補土有一土左內床失足否則擺腳孔雀破妻嫌夫父文與姑怨婦房屋經營日被風拔架造時雨淋漓

占坟后有石前有屋棄山有坑坎壅腹中前后古坟

一金星脫一横土虎一脚反危边砂反顧前巳破
心路或玄武吐舌之形斗瀉宜開池截之吉
占求財二人同求　占產育第二胎必頭上双頂
占婚姻二人為媒有艸頭姓人女尅夫有疾
占訟困二人同起致競原告失才　占疾病主凶
占行人應主內不久囬有缺口跛足之人已過別處
去廿一到日　占遺失有老人知在草木下或有
二人知艸頭上加二畫或人家遮截有口舌

占蠶必遭殃

豐　　九月卦伏戊及此犯家血脈

黎庶慶豐年仕宦宜早遷婚姻亦大吉子孫幸貴

錢商賈同人利訟獄求無慾行人三五候胎甲月

下延

占宅經云宅遇乾豐之大有寬廣形容主屋宇高大

有大災損二丁秋占家不寧九月鬼旺別姓葬二

、姓同居大風折棟三位香火二姓家先屋宜單地

否則高田灶近壁老婦曲脚小兒眼疾南方雷崩
地人寄死

占坟三哭山下三横土二直三横中是穴前有阑山
神庙在　占婚姻其婦必先克夫男多不一媒人
反覆宜听吴字姓人說合　占求才庫臨六位得
財难　占天時主雷電　占文書父母俱勤塵灰
卯未日口字姓人有力　占遺失死物在泥中生
物在山頭中間那架音便知　占產育是頭胎不

然頭面不全或奇形古怪之貌二五爻動主毋子俱亡　占作事有頭無尾

明夷傷也　八月卦伏申父此冗家肌肉主血疾箕子之明夷鄰家每每欺婦人遭井陷鬼子罔賴尸馬牛損失盡田園典賣稀若人占此卦若翁婆少姨

占宅四世遊魂子哭悲有鬼臨身訟獄死無才歸宅爭鬧之婦女却憂何日整換祖出居他宅舍二姓

居前後門〻前樹夫婦相克宜是進贅抱養嗣次房孤寡長房退青龍丑上防碌磕害人朱雀卯中忌粽衣裝火玄武動係狹兒之水灾勾陳巽作淫妻之木色子死非命婦眼帶傷　占坟離在内為左眼有傷山無勢而不吉山為勾絞落頭穴是坐空背地回龍顧祖墓葬後有人吊死月日　占病北方冲死鬼四肢重肚腹痛　占婚姻其女長或是中女若是再嫁必然有兒隨來其婦聰明圭角

能善事姑舅但有病　占産育過月生女难養
占訟主因槩至世長生日可出若有女人在内事
恐遭隔难脱　占遺失死物在人身上生物乃有
孚物向東南方門婦人知之　占出行身不離宅
孫去必禍　占盜只在近地逢申酉日賊敗露
師衆也　七月卦伏亥兄此坤家歸蒐
天吏擧大師万雖尽芟除国母專朝政後王位如
虛河東民大富陸地網江魚築坟溪澗畔野居附

贅居

占宅家有人縊死壁有傾頹之患婦有暗疾而來隨妻居住婦人把榷磨麵為生裁衣為食水姓家先作怪縊死亡人為[illegible]神明內出香火外來小兒耳聾門前酒店屋後有古墓三人同住　占出行三人同行歸竟不出疆去不成　占坟周边二涯龙边山势如牌形虎角斜出回龙地势墓有石出三丁　占盜當門得消息賊不出遠　病占往西北

方古庙边過遇四脚物是怪物也或家中吊死鬼為禍　占婚姻女係市井人家媒乃手藝人有衆人共方成　占訟連累中人有人吊死反成大事原被均刑二次駁招　占產育生男五爻災動損毋酉動損兒　占行人已動身在途与吏人或敗布客人同行有才喜不久即帰　占遺失當在原處尋之或在井灶边

艮止也　四月卦伏未兄此離家絕命

蝎虎婦雉夫携子嫁吳米屋宇連回禄甕父東北隅肖曹居右職道利巽方亢病符旨災起行人有長軀

占宅重艮求財不淂忙狹童憂死在門旁石頭神在離壬地古坟尸存艮震方木植断折西北位土基掘陷巽南鄉時行時止看諸煞白虎交鶩定主衰石頭為座椅土墊作眠床屋蔽門楣井穿山背晃冲子主不孕才生旨子必多

占天主陰晦

占

婚姻三人為媒乃成一人反不成　占產育生男
初四爻動艮失毋三四次腹痛方生　占遺失東
北方破屋中可尋死物在婦人生物問僧道阜方
可知之　占盜往西南方獨宿高前后背有路中
邂逅一人長高赤面此人知情　占蚕利多　占
出行去不成重艮入重兑二五虛花男子被刀刈
腎犯人魔呪寅年月日生人值艮卦若中交動克
命則有人呪咀丙寅在畔或有一木楯填巷中者

下有符或人物或本命人置之此下或獸頭有此
物皆係仇人所作宜祭之
賁飾也　十一月卦伏辰兄此巽家外戚
能治女無粧訟獄平地風賦田賃居屋書札兩頭
望眷嗔傷其父狗狸害鷄翁帛金管鉋子符印裴
慶公
占宅賁加土成敗二主不安世字無一口乃喜中不
祥之兆其宅山水有情卦逢六合寅卯有廟可避

之此居非祖屋改舊易新陳龍臨丑動耳聾目疾
病有無主家先作怪桃李滿園竹林遶屋家出孤
独 占遺失自失亡物近水邊 占坟一尖土一
直三横土二脫下五層小土坟後有樹木明堂兄
曲水甬边有坟近坟有坑坎煞 占病因喜中致
病或山林東南方坟邊及草木神頁骸沉重 占
産育生男踏蓮花生母子俱失 占婚姻六合成
退一夫無父無主婚人 占訟無頭公案因財因

喜致訟　占買賣無店舍

大畜　十二月卦伏午父此艮家內戒忌內亂

大畜得反真誥牒豈如心父亡妨兇女家中艸木

神夫妻童痒寓旅客苦風癭痛者經然死獒犬走

避寅

占宅前有池塘不事神不修灶二門直出失才數損

牛羊破椅桌甲寅二爻生乾金也狹童腹痛丑未

方坑池傷〻也家長腰疼戌辰路傷也走馬上樹

傷手足世坐軋二爲寅爲樹值兒忌之也兩堤相連世前二兄也　占坟穴在田中寅字也虎边古墓坟在山頭寅艮兒在上交也龙边墓手四兄弟如手也明堂一石堀辰在间交逸兩條路辰戌也山勢交紋如金蓋其玄字也龙根旁埜伏爲午刃是龙也骸骨不全金爲尸無金則不全也　占婚姻兩媒人間交是媒戌在外女家媒辰在內男家媒男媒合應女媒合世決成　占天時主晴木世

主身也　占產看冬生男夏秋生女男有貴女
難養　占行人一人去二人回大字玄字也　占
出行不吉持世地頭皆兇也
損減也　七月卦伏申子此離家骸骨
家居小人隔鄰人鑽穴隙兩姓基業立先損後有
益書樓前左畔每見災與厄夫妻烏合娶山水有
順逆
占宅世應隔角住人孤寡卯方有廟水口有宮寅字

也二堤庭相連二兄左世前也屋後樹精卯木被
兌金剋兌為口為言為精也兄弟不和丑戌刑也
世坐兌〻口能言舌辯必戎首也入官奴貝居卯
官也花瓶失對卯左兌也灶臺若双寅為煉臺也
屋後犁頭煞貪也惡婦起官非才如刀字刁則烈
矣家先死主無子也門戶歪斜丑戌刑也夫妻水
火子卯刑也　占坟穴在田世坐丑如田也寅強
主弱應魁世也左有枯木卯木被兌金剋也纍山

有廟否則田寅鬼也右手墓崩外戍字被刑也左有人墳內已火也墓是土丑字也　占訟兩皮有責罪帰被告　占婚姻少男少女成反不成丑寅隔角也

睽

遙也　二月卦伏戌兄此離根榔

三棺来鎮宅二女同居逆鄉村屋兩座前見案山赤子孫皆魯鈍弟兄常作忒行人多阻滞産婦懷胎惑

占宅山飛水走門人不和離兑相尅也男人未娶女人未夫中必二女相妒也賣田致訟兩未相冲破才也牝鷄鳴酉去單交也越犬吠戌伏世下也二姓同居睽字二人也狹晃嘗葬酉字坐丑墓工有生嗇死也虎边一荒園未為園丑冲之則荒也門尝闕丑酉合也司命災為竈二爻為灶卯亥為禍酉字衝之乃酒甕為禍也屋边一半空木宫艮二爻午火自刑主屋破空也虎边一巷日字也　占

坟權晉吉不可久塟左右俱有人家初上俱災也明堂水反睽字背反卯艮沖尅也坟堆上卯艮為墓前丑字也兩路不獲五為路折為二路矣不尅世故不傷也

占病日掛西天不久也老人尤不利睽字也

占訟至公庭方願和女人起事卦陰也

占子嗣係過房子也艮宮假子離子入艮

占婚姻不明之婦先情後娶与妯娌不和終能不吉夫婦冰炭

占胎孕生兩喜十日後產婦多驚

占遺失西北方堂離下兕臨卯也兕入兌宮故
乃爲西方

履

三月卦、伏子財、毋離家血脉、
出行宜履道。子命入南柯。言訟無阻隔。仕者見蹉跎。虎砂明堂見。屋地不宜高。旧弦今已断。胎甲只徒劳。

占宅履字三人行三人者主二人一人倒于日上兀死二人扛回履者礼也有奠祀之礼三房同居二

人獨出立人添主字是往字一人腹疼屋二落半
後而覆風復重也添西字成覆枕為覆風男進贅
五爻為外家申孫持世鎮之也女招郎兒入宅爻
也屋大亦高世乾為大五世為高門樓高壓午為
门樓午丑是壓申龕午灶　下不容缸龕火尅金
也虎边一井申字也在午爻為虎边　占坟〻工
添瘞復重也虎砂反尸字也有腹痛跛足人同葬
墓進人家世臨午爻也火墓金葬乾金宜金也穴

中水出世坐申水丞也癸生卯出二姓基已父也履卦有人患足　占病及哭留連、家有伏尸客死鬼爲禍、　占求財應二次　占婚姻重嫁之女二高能言應屬木必高兌為口能言也　占失物生物可尋死物难見　占訟告若原非單人訟向咸單

中孚、信也、　八月卦、伏戌兄、此離家肌肉

兄弟鬩于墻。良究两三場。夫妻情意固。腹子父隨比。經營無覓利。病人拜道恭。犂鋤誠為吉。子送貝

母終。

占宅中孚中字一口直孚字子頭帶天帽主子孫有遺宅非祖業遊兗卦也外姓来吉廌左初爻也前廳与後堂相連貞爲所相應二邪相似也住人多疾病有鬼与才也有子过房有父兄子抱养也二門直出二足相冲也子随母嫁孤児随母初爻子孫臨應也爲從外来兑金非艮宮也人寄死鬼入宅也婦寄生伏中子于三爻長生已左初爻廌上

是寄生伏子值長生也妻兄俱少無才子也丁壬妖巽兄垓也長男莫住初乃長子位父克之也出浮浪子孚字添水是浮也　占坟針金擺火旂穴孚字也有三子一孤子頭有三点三子也到底郎是孤字别坟水口界卯兄多出已已兑也虎手臂上有坟外卦未爻歸庫也墓近竹林廿爻為穴卯合世未為竹林也　占功名有貴中字添成貴也初爻便吉　占病兑金克卯兄主右股痛巽為股

在外為右也以世為主　占婚姻此婦有三子庶
臨父有掟資　占失物卦無才子主难覔不見
占求財三人同来难到手　占産育本立孤宜夫
前未一子兇初爻丁巳為夫也　訟占原被中有
孤人口舌三人在内　占盗在東方庙宇処兇為
神壇卯木值也

漸

進也　正月卦伏丑兄此巽家塚墓
漸出贅居郎家人哭殯喪子孫居眼疾病厄苦忙

〻開鋪賣食吉合衆去從公五穀家中有才帛都
虛空
占宅屋三間住或單或匹不然一人住三處屋〻不
安石作床脚夫征不復　占坟子孫無回龍顧祖
長生水遠身近人烟近竹林庵边有水亦是田
占婚姻近處或單匹相配亦是贅舍　占産育秋
生男旺春生女衰喜申酉日生若灾卯未日生毋
子生孕婦經年不育　占盜近處或林木處尋

占天時主旱　占訟宜進則吉退則凶事于軍匠
在內　占失物在水边不然車碓橋寺處　漸与
家人之卦其象有女回家又漸主有人外亡
震動也　十月卦伏邪死此爻家絕命
震夫驚百里震母懷哭悲子孫三四個傷殘一二
稀妻妾常魁戰戮穀可言奇科甲椅頭士戝任反
早微
占宅宅乃旧地接新基震木春是新基若秋占則旧

基也震木生春来危有氣危边過案路有傷虎頭
一尤角斜灶污濕坦椽屋下井柱高低男宜婚女
宜嫁年齡已長不婚不嫁則震動私淫也寅巽牛
被雷打午巽屋被火焚震宜单丁過代春占不单
斷地下埋骨　占坟震為倒地木勢莖高招風
占天時震孛雨在一辰　占病宅裡病人顴骨肉
中金為午戌所燗也　占產育春占重震主双生
子　占盗西方之人南方捉淂　占訟世應是才

爭婚也只判歸原告　占天時亦主雷電霜　占
求財怕逢金年世工戌財入墓如遇辰日未占則
是被日辰沖散庫中之才不吉也　占坟穴近田
豫樂也　五月卦伏子父此兇家內戒
凡事豫則立無父須涕泣商賈利西方难動爭舟
楫書家徒費心来人可言急冤盜無侵犯除授偏
堂戟
占宅損猪畜　予字解戈字象字豕之類溝水不決卦

無水也子容不帰卦無父無屋故子容去不思帰
丑婦引子嫁應爻帯子也妻娶夫回世應相合應
生世也未為正妻戌為偏妻伏事白面神填井身
遺辰塞流灾及家老婦牽連孫長男外客　占坎
破土落頭世在坤宮案山有頑右边一渠左边脉
水地経寡婦丁才俱有　占訟不見官被午尅只
淂破財也　占尋人他来生我不从則到應来生
世値子是好事也　占失物所失之物多青白色

有奴婢人見之

解　十二月卦伏寅兄此兄家外戚

舟楫過解灘賊馬不相欄禾蚕皆大熟疾病且易

安此屋俱才產失契主人間漁翁江外笑音信筆

頭難

古宅坐地壙辰為池世坐辰也或填池坎卦一浮半

出是填池也出人先贅後回返臨應主五爻外家

是贅才值內世是后歸家也右边草角孚左边一

洋田解者散也　占坟主人内凶財散葬後有人跌傷之象　占訟难見散也　占失脫死物在雜墻下有物遮蔽生物在垣塚之傍难尋　占胎育生男主平安　占婚姻主难成　又坟上主两三房凤水六房凶

恒　常久也　正月卦伏辰才此坤家骸骨

恒産宜恒心儒家道味淡家中論才有切忌禍胎侵令子趋良吉貴地夾宮壽婦去辰間遇林李會

占
宅賓高主低外震木高內巽木低也原是聖迹地
基酉鬼持世也香火有損產死無歸虛边一卷 心
也後勢壓而前勢廹亘也家有吊死恒常久也常
字有吊治家婦人吉承基夫子凶巽宮是外夫承
基也防眼疾酉鬼持世也兵血光酉爻乃刀丑血
光之灾也　占爻得意　占產育生男　坎占兌
边一直落大蓋土小土原基爻跡坎丑初爻是鬼
墓也近水或人家喪父也爻坎兩边鎮申酉兩边

有官家之塚也我貴亦無差子孫前来見世前午
子也才官得所宜　占婚姻市井人家女婦人有
子不然入門喜也　占求財有左術莊椎鑿穿塚
中求之　占病刀兵白縊見為禍　占遺失左西
北方小堀内　占盜难捉三年後或秋冬得之
夫婦和協陰陽相生謀事遂

升

八月卦伏午子此坤家血脉

升官有顯名妯娌睦家庭錢谷通食用　行人未歸

程考妣無人祀屋業早議承歷生五女子嫁婿招
禍凌
古宅男子病為坤丁路女子病為巽巳方地埋伏尸
金鬼墓丑初爻也門鎮風獅鬼在三爻巽風故為
風獅長房無才子次房有才子登梯失足上樹墮
身兄弟难保鬼兄不全也父母难双才爻主用破
之也勾陳入丑旧井埋石下朱雀臨酉新灶築床
前借來机拾得剪巫叩戶吏獻門均是酉官在三

爻也　占坟斜金擺火落穴虎边水反龙边山直
升字也前後有坟有掘皮爻重也塋處或園或田
丑在坤也地地師一位參議爽也滅恐有誤無重無
子也　占婚宜有两處　占産育生女傷母　占
病刀傷鬼及墓神咽喉痛咳嗽不止　占訟有失
脚人為鬼不妨结案二次　占遺失死物在床中
床下生物在籬園中
井盡也　三月卦伏申官此坤家根槨

改邑不改井困窮不能異居官宜再任求財向丙丁婚姻宜改節山水兩無情生產當是女过代恭

鎮鈴

占宅交買異姓之地異姓者巽木也交買者初爻也地伏尸丑庫藏金兇也門刀傷酉兇三爻也井卦單民兩後裔匠同居戌子動兩墮墻辛亥巽風撤尾旧井無人食新屋棟椽崩男人再娶女子双生卯酉室須塞寅申户可行五人上卦右有小屋可

竹坐屋澗水遶之吉門前旦井　占天時先風後
雨　占坟二夾山二横土正穴土富中左边一廢
穴近處有二坟前後左右有人家穴在园中〻有
樹根　占訟因田土事〻未决重反重案　占盜
近木近水處　占病㐫井字四片板也　占婚姻
宜遲媒是親戚家　占失物生物在枯木古井边
死物在水溝中　占胎防產毋不到月生

大過禍也　二月卦伏午子此坤家脁肉

大過招禍来孫子遭沉埋老夫求少女勿訟永無
災棟橈傷壞了门户八字開外家寄釜甑竹木兩

附裁

占宅大過字大口包小口住宅損人口卦值遊魂此
乃還居之地四方有坟豬欄近灶幼小災因碓磨
房傷眼目酉金剋门墻土不净有病廁神居酉鬼
生世有病也地基不安　占坟大過上下有人字
上覆一人一包一人又有二鬼也山勢交纹夾世

也穴葬高过也前后有人家二爻也虎边过案前有路过也　占胎主生女　占病溪橋边犯刀傷之晃　占婚姻两媒人二人主婚有粧資卦有二爻也　占遺失生物藏重疊屋中死物不出屋

随

後也順從也

七月卦伏酉爻此爲家塚墓

随時安我ゝ未得相明君家居農圃畔侍妾持醺ゝ商旅和欢咲独我问子孫壽域東北地大不守家门

占宅地是回龍顧祖亦是改舊從新震木被兑金剋也屋下井初爻庚子水也不供神不修灶卦無火也婦子治家蔑財〻持世也有过房子卦無子也路直冲宜改鄰門追宜修堂前鬼合祀丁進不須憂左边墻頭直有堀屋肩頭陰人宜配亨有賊不忘偷家有女子与陳姓人走震動而兑悅也　占坟〻前有一枝樹一樹分兩枝西边坟　甬好是親之支目居酉又与世合小屋右边崩灾父在外

也朝東左水楊子辰是東水也　占婚姻男大女
幼　占盜近水人家口字陳姓人可問　占訟有
口字陳阮字姓人來和　占胎產主生男　占遺
失才帛在内生物不失

巽　順也　四月卦伏戌財此艮家絶命
疾巽手足傷驚風痛人腸勞苦求生計親屬主乖
張移居東野外學道保善終井灶相連外擬羅出
外疆

古
宅有蛇入屋背後有堀塡起則無蛇笑玄臨鬼八
仙醉酒之兆耄入父五老下棋之形巫男學聖巫
女下神巽為妖邪也或同姓為婚或二女同嫁內
外俱巽也一更雞唱半夜羊鳴歲歲遭殃事都因
鬼在庭鬼臨门也地基葬尸初爻丑鬼墓也左畔
宜居屋父在內也明堂道造才未合世也兩位廟
有傷邪受坤也穴上水有情穴合世也穴太高世
在上爻巽木為高也高且剝落木墓入四也住人

遣石蹇金鬼無门環　占玟出十六丁乍帶鬼父
子連根虎入喪毋子共塟入喪車煞也山勢東南
巽也已酉丑方工庙冲或墓魁酉鬼也　占胎生
女主双喜若生年与毋同亦是一喜　占婚姻男
女同年二人為媒　占天時木世土身主晴風無
雨　占盜近庙墓處卯已酉日可見　占求良怕
金年乍入亥父金榜題名
十一月卦伏丑才此艮外戒
小畜

夫妻相反目養子為人僕天陰未晴雨以事遺荼毒求沒休啟齒頂負嚴兵服賊人出巢塞兵者無敗北

占宅世早濕亦貧后或向双辰五陽被一陰畜才腦應陰人主事應魁世妻壓其夫巽畜乾夫畏其父水來破椅桌為禍巽為椅桌坐乾金魁破也墻工画猫兒屏鬧孔雀圖玄臨才防妻藥死勾化鬼男跛亡腳夫妻相害世應相穿也兄弟為仇無良則

兄弟橫行也香火有碍寅卯魁三六也文書交加
才克世父也司命不修寅兄臨灶也家先不祀離
祖必過房已子在前也地有伏尸伏丑也灶二様
已也井在门甲子初爻　占坟坐下地势高乾也
穴湿子水持世也恐傷丁父也前田後山畜字也
地種菓子樹寅帶禄也山栽竹巽木為竹也坟前
地辰也偷葬别處坟丑伏乾家之庫乾非巽宫之
人故是偷葬之象　占婚姻女已年長退一婚男

亦多年紀是繼室　占盜伏丑兄庫乃賊人之住
止東南園獲之丑為園也　占求才是女人之才
此女亦吝嗇才入未庫也　占訟乃陰秘事不然
田池中事但反不至張必竟廢弛　占病卦無兄
病在傷寒暴病必愈久病必危有女祆為怪　占
失物在田園或壁边巷口却有陰人拾得亦還乃
才克世也　占產育初胎難養三四胎得父初爻
也有父無反是金莖

家人 一家之人也　六月卦伏夾爻此艮家內戒
家人利女貞夫死子有情衣祿宜疊厚却主涉淯
名成居終尖戒病者防異驚行者宜進步農圃倍
秋成
占宅造下五年才產進地乃別人基造時有口舌卯
方破口面前有、屋旧木重新门扇門楼克子对案
有情陰人主事寡母守兒丑巳酉合是口舌奸情
事卯兌為口舌兩頭克世也卯為桃花神孀婦淫

水偷情丑才臨世為守夫喪在庫才為婦是居夫服前一亥是過水丑合應已是偷情故云涉水而偷也玄臨兄則刑因入屋勾变兕則強盜踰墙他人籃籬異姓棧机西南進奴馬東北来客牛　占行人為婦人所絆　占坟無兕福田难居穴近田近水丑為田亥為水也葬失骸骨卦無金也東有坑風卯坑巽風也南方大窯竒巳火生也木石地中美亥卯未會添土是塚何為不美　占病食外

家喜物浮病　占婚姻士夫為媒常有貴人　占訟親人相殘有婦人事在內

益　增也　七月卦伏酉兄此艮家骸骨

益友會書窓舉言恭正功兄弟正賭蕩破敗我家風門絕官灾事妻妾鬧匆匆　經商才不聚出行弗離宗

占宅益前濶後狹前有園或路甲卯方破缺宜竹林漁人居之十二年進才產住人多魁妻兄重才多

也屋下井灶破缺產婦沒家中亡神浮水工五刹
刀割口子水也比閭誘妾鄉曲為婚老翁杖策童
子買鈴宅有血光四柩停喪傷六畜人瘋癲出僧
道　占遺失去竹木林中有血毒人浮之以應斷
也　占坟后起二山頭一横土或艸埔塋下出屈
腰彎脚血光之人前有园近竹林寅卯風煞坟四
壙如牛眠倒木之勢帶疾同安塋　占婚姻水性
婦人風月貲質蔡姓為媒刑夫宜贅　占產育生

女有祟宜禳　占盜有四人避東方婦人家　占
病有血疾自縊鬼為禍有未塟鬼為禍　占訟米
粮田土事主禁錮

無妄災也　二月卦伏未才此乾家根槨
素食无妄心非禍来相親儒家居三品詞訟寃不
爭奸盜人知覓死殍令予驚往来皆如意事值終
晚成

占宅有妄遂人走妄字加中間一点也地內長外短

木長金短也木死新旧交参西廂笑女北牖吊男墻边妾巷宅外流溝婦人公訟女子夭亡死妄係是牛家中被火流西隣謀宅舍南莞想田疇賣子还人債續要買我田宅有根椰動　占坟前一枝樹一樹分两枝左枝雷震折申鬼動冲也長房子孫稀寅申巳亥為長房穴取石中世午左乾為石棄墮淚悲應水為流淚棄也　占婚姻此女夭亡應臨火也　占胎因姦得孕生貴主貴生女主

淫　占盜西方賊住東方小屋近墓處　占求才
淂之不意失之死妄　占訟因死亡逃亡之事有
女人主因先凶後吉
噬嗑嚙也合也　九月卦伏己子此乾家血脈
嗑人傾才産枷杻獄内难費居南市井舡食及水
間子孫来復祖漁樵若未安染衣隣打鉄産婦难
又难
占宅庶入宅必与他人共住長房招費忌楮逢頭垢

面之夫跌足缺唇之婦井灶相連灶破缺門前墻
间屋後土堆出門見鬼屋家出巫后有竹林或架
竹椽前有園出人吹簫血疾竹下有二人為巫乃
吳姓人防口舌人嗑死圈賴妻通外客贅滑婦才
同居口舌常見兄加玄武又窃我才　占坟妻埋
子公墓小兒来旁塟　占遺失二人在竹林處可
尋　占婚姻用口寄姓人為媒不就有阻中有血
氣且疾交加　占胎难産且先出有破相或有双

胎產毋有妨　占訟加四爻他州縣公事相干能
吹唱者和息　占六畜不育已見血矣
頤壽也　八月卦伏未才此乾家朓肉主血疾
卦占山雷頤寓居別姓基嫡妻承庶子寡母守孤
兄妒火安生理求安且莫之謹言節飲食能養親
之支
占宅此屋異姓之基十二爻未當遊魂卦乃異姓也造
下三年宅長有災克妻破才兄弟異居防魚肉之

梗狗牙之厄顛猗傷也床招火辰在三爻草茅寅
戌合火傷々也門被刀酉月卦而与辰合也门出
入兩頭左右二寅為门三四相冲也因妻致訟辰
戌二才相冲合文書也庭前井果園窓外池虎边
屋多頤也左右隣知書初爻父也　占坎田龍頭
祖遊竟也前後之人家穴在尖堆脹水涵并魚池
艮宮子是水涵震宮子是魚池坎背有塚艮為亡
山又艮為背也虎边出三奇三口是也　占婚姻

男女俱退婚　占失物出物水边破相人見死物
掘中火臨子也　占訟忌酉日下酉戌相害也、訟
世長生日可出、占天時雷即止、
蠱壞也　正月卦、伏辰才、此艮家塚墓、
蠱脹痛源溪瘡毒膿血淋戶役公事起兄弟走東
林经營免東北內卦兩来音家居非仁里塋地頗
如心
占宅蠱字口中先破後主下血屋後古坟不安艮ㄙ

山也屋後有三災殺災耗才也玄勾動初起殺方
父母常々病伏辰才生晃也狹晃毎々酉兩亥戌
中家養無尾猫空臨丑工闌有無牛尾屋有白蟻
蛀　占婚姻三人為媒有足痛人破　占坟有三
孙風隔虫添成風也有蔴穴良也穴中有白蟻屋
后有三山蜂腰过脉々地回龍顧祖之基茔已四
壙皿也蠱病同茔戌字子墓是巽本宗欲埋子于
山也壁掛亏六丈寅也床间剩三丈金也屋欹斜

蠱也前有園皿倒四脚人蠱病　占胎生女患足
蠶巽為股值蠱而坏足也　占蠶多絲有利　占
訟有三人或四人忌酉日占主獄災

離麗也　四月卦伏子女此乾家絕命
離子明哲儒離父嫁別夫六親常失愛為我財帛
無砥礪行商若以病定損軀生女當易眷被告却
憂輪

占宅此屋宜女吏士居之或作精舍鄰居有士夫佳

土坎土也左有屋初爻父也井左天井中灾也灶
逼壁丑也男重婚女再嫁男虚腫女劳形水左中
火外煉即疾病也巳亥為咳嗽已巳為吐紅值動
必有此症防火灾忌兇賊棺柩被焚未尽灾為尸
離火焚之見水即止也　占求才往西南方可淂
之　占坎離卦地骨中取内離為火山必多石左
边小金蓋屋右边叠土塋後子孫離祖後有人家
初爻父也二鳥並飛雄失其雌形如飛鴉落地也

八純離卦被人欺伊做冤家悉耐時魚潛旱地精
神困鳥入囚籠羽翼垂無心謀望物已得有意求
營事反遲才散人離家又破思量泪落自心知
占疾病水落生痛婦人主瘦形　占求才往西南
方可得之　占失物死物婦人拾得生物在枯木
及籬边　占天時主晴　占胎主双生產毋不宜
出外憂占生男　占蚕多絲有利冬占諸事利
旅（客也 寓也）　五月卦伏卯父此乾家外戚

旅客在東南西方進實来有禄良不享火压尸未
埋妾生兩個子正室有双胎口舌争奸事親戚相
盗来
占
宅枉宅绝姓之墓死良死丈也古窀為界離為窀
也廢地為隣方字也西门兩頭出三路三角行石
頭一対恐傷妻申酉石也才恐兄弟奪之門户双
重憂慮子拾僧家器淂道人魏夫不返無兒也婦
望門才居三四也双親去世早卦無父也幼子守

孤坟未爲父墓身居之艮爲少男也喪其童仆失其資斧　占坟左边斜擺方字也山如旗形穴左湿客處　占胎主双生不左旁若左旁不是正妻亦是夜生妨夫　占出行無店可居無父也　占失物是衣服夜被偷旅也　占婚姻女夫父毋破相無媒人主張　占求才僧道之財　占訟忌卯日占主獄長生申日出

曷　号也　十二月卦伏丑子此乾家内戚

爲爲謂羨器卞民樂雍熙主家坐瘦艷外国任君之良者憂其父帥卒失兵机兩婦家中閙溺縊見哭悲

古宅爲坐覆釜三足兩耳、簽三姓之地不然三人同架或三人同居班面白目之人跛足是非之輩旧地新屋後遭火有板主家内焚碓間斗欄迫灶鎮宅板未埋夾兒爲長兒死庫也石獅居屋巳酉金也石虎当门辛酉金也一季主家坐病過春爲卦有根被火燒不盡災焉根巽木離火焚之見水則止也　占訟是非構訟有枷杻之象　占坟山如粟爲此地不然品字墓破相帶疾之人左畔有風隔内巽也木墓已爛根三年婦溺縊災兇化寅木兇也妯娌难同事二酉是妯娌相刑难同事白虎與下屋傷足青動龍拆屋損身小兒湯火厄作事宜三人出外求才蕚左腋中災持世也　占産生男恐防折足　占遺失左班面白目之人

未濟 失也　七月卦伏亥兒此艮冢骸骨
南鎮食不週妻妾眼淚流北闕任官後家族起禍
仇哲儻人和在兌見門隸畜歛入經商市立慶鍾
韵修

占宅未濟字一木浮于水工文人過江須溺水艮骸
伏乾鬼來危撓捽世坐火也案山有路兌臨應也
三年內有喪服五年內有官災作門日犯白虎家
內破床外人寄死次房出外巷過屋路冲門壽昌

尋毋郭巨埋兒青龍與鬼隔遠朱雀搖父母因招
夫就妾生子爲奴　占訟無皮王張卦死皮也
占坟酉地有窠穴庇蔭兩貴金十孫多后代巨富
跨王庭左畔帶水雲梯文人近有人家屋穴用三
尺深左畔碎宜補平兒也右地稱予心有父死鬼
黃金甕　占病犯客死鬼　占婚姻婦性淫食伏
家飯人說合　占胎过月生二交土也　占遺失
生物近水處死物在伏堂處　占天光晴后雨

占謀望陰陽相克求謀不遂
蒙昧也　八月卦伏酉才此艮家板榔
蔑蒙已應野中年及尅妻居反行酷政貪字却失
迷克進中饋事耕種利山西申酉占才吉屋宇前
廊砥
占宅其家頭上青草生荒蕪之宅有婦人染病其地
前狭後洞后面或茅屋或草埔屋后或溝或池孚
婦未生家人患眼三家木死六姓地基填井塞门

離艮地裝棚間塚甲庚棄親戚相争因田地夫婦
不睦反目主婦人父染寒陰司招禍殃祠堂香火
夬伏座燭臺空交毋嫡兼庶子孫正与偏早知桂
楷事田地莫相争　占產恐墮胎　占病主父染
寒疾　占坟穴左埔下起一小金星左右结二小
砂前后有屋虎畔一坟子児也左边有屋寅尖也
或廢穴辰是也明堂右气斜堆午字也其山胎息
不明砂死頑子死情　占訟親戚男女交加忌酉

日占主獄　占遺失節園中尋

渙散也　三月卦伏未子此艮冢血脉

牛女下渙痴祿仕渙不宜生男渙易養居巫即還

福竹船便風去積數以防飢妓歌來胥跡僧居北

寺哥

占宅有淚于水屋有伏尸氣壓浮脉之基死鬼死烝

旁走作穴后有他人巫門前水堀壁上天窓他人

木植屋脊相冲夫誑妻子怨毋他人刀斧別姓斗

洗鍋破碭損桌坏椅傾　占坟山如龜形浮牌上
伏尸左右屋穿相刑骸骨不全卦無金也金墓卦
死者也坟木有藤纏身時下才散人離命傾　占
婚姻婦尅夫兩家自或死者也　占胎生男閘溝
犯之难養　占遺失死物人藏生物水边　占天
時先風後雨　占訟死者主、張左延緩見多破才
身臨父是禁錮托第八位人占水名和吉　占病
妻占夫則死天、聾地啞身沉重

訟爭辯也　二月卦伏酉才此良家肌肉
爭訟虞萬君兩不見周文娶妻三兩度病人欲斷
竟旅客路根絕何愁賊馬奔地勢后焉極水棄入
怀分
占宅屋有水不洪水走山斜门户不正二姓同居宅
神無氣卦無良也有庭相連门兩兄也出人好是
非公門刀筆求才無媚有積年之憂訟凶事悉由
人係獄中因子胎难兄喜見易養驚憂媚人災長

有々葉亦漂流灶長巷々中甲才是也　占坟石
土精阴氣開老山生虎山回虎頭对案也傍有樹
或松柏口舌主反非口才遊魂卦逆取背老看案
總是傾危坟塚厥有父無反貧金塋　占胎是男
喜是三胎坐半生　占遺失生物在樹下死物近
降三人見之　占訟不吉有八人在内　占天時
甲乙日卜有雨　占病难愈游魂神不附體氣色
衰羸死鬼难医定主十生九死　占考利

同人親也　正月卦伏午兄此乾家塚墓

喜得同人隨才帛滿廂婦二子沾聖訓　占獄主允戲霸市強行利出郭事難為戒不行正道忌猴假虎威

占宅主進人口人閤同者親也人于外地交結情深兩相契誼居左边有枯樹門前路朝床下藏土窟戶外破碎，宜修屋春高低男婦再来　占婚姻婦年長親上加親再嫁　占坟是金葬有壙葬在腹

中四圍遮截有益面前破碎參差坤方一行陳地
富貴双全無疑　占產生男是貴子火巳日吉主
双生　占訟戒勿訟只待他訟而許之　占遺失
或妻將夫物或与外婦交情處失之或有干親人
知之

坤

順也　十月卦伏戌兄出坎家絕命

坤地疊土重黃裳小人凶括囊无咎否貞守賊难
冲申言終是女守道永吉陰遥商欢獲利孫送祖

母終
古宅老婦持齋子持世也门前花椰乙卯木在三爻
帶艮則木枯也蛇入宅二爻巳也犬上至六爻戌
伏世下也蒡衫原是他人物布袋又是别家來坤
為布也酉臨青龙炉边鷄抱卯巳居白虎灶下蛇
解穀盲腫馬跛呈驢酉字兩丁穿因六爻酉位上
黄色故盲腫也衆星皆拱北万水尽朝東家住平
洋裡人生閬苑中出贵屋边近神庙四面有田前

有坑坤字也知毋埋兇是孫送毋五克二爻毋先
死也　占考左乙科　占坟山势起西南移是衆
地帋左边一直申也右边土堆峰土也坟塋三四
壙大腹無嗣人有大腹無嗣人同塋也有塚欲埋
子酉金庫丑也案有古坟跡右边有人层左边坟
一堆却是神坛處破碎丑未傷　占遺失生物在
水堀　占胎六胎生女有六爻動死矣逢木孕怀
父之孕　占蚕主利　占訟田土連累單人之事

也八人在內被告必輸　占婚姻有破宜緩有軍
卒或姓連人在內申也　占天時主陰二爻花柳
動　占病肚中有積虫
復　反也　十一月卦伏未兄此坎冢外戚
轟雷從地蕟莽粟山田決兒孫不見書妻嫌夫行
拙仆去復來冢公姑命不活暗約遂偷期行人皆
哺啜
占宅地有二姓之基移塋耗業灶垣盈咼破蓋出人

病腹縊死兩香火不便外來刀斧廚匱衣裳吳灾
幼男屬猴鼠銅甑剋福壽玄武入酉女人偷首飾
勾陳臨鬼童子窃耳環酒成醋屋成路復重復也
凡事宜再舉人外病有人帰一人出扛病田 占
訟五人在内未得脫窩反覆不常五次見過官方
止 占訟復卦有伏尸穴下陰沉未得宜出人破
旦兼腹疾人在外亡好見痴復重也添塋之兆
占婚姻初主反後主成媒人大腹 占遺失此自

誤以乃可見

臨

大也　十二月卦伏巳父此坎家內戒
臨禍不見災臨喪卻停哀足友弟恭出夫唱婦隨
來合牛耕田土呼子名奴哉坟地風水妙才聚產
婦突

占宅〻有五人五房有哭声屋有三品灶或六口灶
人同住如有六口灶則三口灶屋邊護厝住出人
缺口破相乙方路傍屋宜改更長老居之常人居

之爻非破耗口舌重〻臨大也大爻三品小爻六
品應人則口舌重〻男忌火女防湯青兆臨鬼堂
停棺柩朱雀入爻所鎮石磨玄入二爻灶下賊穿
窬雀臨巳父子女起爻非世前兩兄家有二庭
占坟金盖土落穴墓品字坟左边三堀吊頸婦人
貪花女子山水相宜穴中濕氣卯方坑煞前水來
朝初克兒孫后來旺盛　占婚姻女年少許成兄
公自古子息遲　占胎生貴子女主富　占訟三

人之事本欲訟他人又傷于己身用口字姓名和處應生世淂理　占病因酒色起一人病累及二人　占遺失在土窟或三人同住之家死物在灶前　占天時主晴主烟霧　占謀望上門即逆求謀不遂

泰

泰通也　正月卦伏卯官此震家骸骨

易泰許為婚礼書不見聞女衣多縞素孫子鬪紛上南闌無信至斧火釜蔽-君祖先神失礼却去拜

天尊

占宅屋如布袋形前狹后濶初三人同盖后歸一小屋損幼兒祖貫之地爽小能大龙脉有氣龙临丑服事王家伏龙入亥礼嚐汪氏神伯公死座祖公喜紳兄弟三人長兄有一子餘俱死　占訟小事成大事小子起禍三人未及冠者在内　占坟三層土落頭后起小尖山有老小同塟樹根穿坟左畔有一池明堂曲水近田作穴　占病伏尸塚鬼

為災　占婚姻是大要小或作妾或大夫之女庶
人求之婦有子隨嫁　占胎是三胎生貴子后不
生矣　占遺失因便而失非人偷也　占蚕主黄
肥死六爻無火炉灶寒　占謀望陰陽相生主遂
意　訴訟争才卜淂泰寅午戌兮刼在亥是刼奪
他財也

大壯志也陽也　二月卦伏丑兄此震家棺槨
大壯于征凶山水不真危幼婦産中忌家人叶夢

祥鰲頭我皆占直表面真容中途别妻子尤忌虎
雷傷

占宅屋左右高低山崩陷門前井水吉寅申路来衝
宅臨官日〻進才人口不安灶君作禍屈腰伏背
之徒脚長身短之輩土地不安地基用錢買宅边
枯菓樹門戶屋脊冲灶新防損子土崩婦女狂癲
边一巷井大壯一人立片土之碑　占病必亡
占身無福　占訟有一人大驚倚士夫為主所問

不明　占坟只是一堆土卦值六冲何吉祥龙飛

水走無面首灵根下壅子孫殃虎边太陽龙边高

昂　占胎不安穩恐死难養　占婚姻婦有腹肚

之疾　占病祀邪司大王退土煞吉　占遺失死

物左土中及門后生物近碓處

夬

決也　三月卦伏亥財此震家血脉

決到公庭工言听刑外傷謀弑死棄結僧尼守佛

場中庭目妻妾妥嫁五夫方才帛称富客却招賊

病殃
占宅屋是别人地基宅有义路東方庙有傷人寄尢
女招郎二姓同居弔頸冢先作禍門下墻圍髙下
厝边長短舅寄食姑停居寅臨朱雀灶間一木寅
入青龍一直双椽架屋水口有橋庭前木質　占
婚姻成不到底　占胎男喜防產厄　占坟墓边
有倒木子女又貪花東南犯破碎危虎亦未佳塋
下生煩惱公訟日〻嗟婦人遭弔死女戀花而家

占訟利己不利人決斷也忌戌日來占多憂禁

占遺失有大腹人說信　竹蔭门前路松遮屋後

産腹無心疾积僧咎寄鼓鈴門路添新土屋後旧

槎槓耗才事總去娘子痛又生乾離子位動仔细

察其真夬字乃破口之人招是非五陽夬去一陰

占宅必有婦被夬也又主有血光凡事合人做妙

需

侍也　八月卦伏丑兄此震家那用

需血疾未安進步任艮难来音帰客遠賊党聚束

山坟宅基後嗣经史度時间麒麟初不舞亡父塋

西山

占宅祖賃之屋否則离祖遷居之家左右奄廂回頭

四围斗底之爲木入青龍因修花枷之碩蚕脑白

虎會误蓮社華筵新旧貼柱長短木梁内外俱陽

世應相生求謀利益　占坟乃回奄之象地專石

骨嵗々事奄生断不過回頭單地相加子孫不見

宗庙代々不見凶婁　占遺失因喜失在竹籬下

占婚姻恐緩男占貪婚女占貪嫁因需待放貪也
占訟未得兄爻延緩未脫需字下而主假子
比親附也　七月卦伏衣兄此坎家塚墓
近君作直臣病歸林下人司命磚石葉胥我床匱
新以吉蹈凶去戒訟莫親之空拳營好利老嫗入
戶填

占宅回龍顧祖前有陸乡右边塘窟新旧墻相接內
有女佛護皂灶后小門宜改門前崩壞不為儒士

家便是尼姑屋生人殘病厄者寃歸鉈入宅犬上
屋比字一边上宅不成乃偷上也又類七字二七
十四也　占胎坐斗生　占訟門人在內　占玟
有破石在穴前有坟左有樹山々相扶比字也脉
從西北而來水從兎边而出　占病石塚為禍
占考利　占遺失生物在東北方問一少婦知有
竹林可尋死物是首飾
死悅也　十月卦伏寅財此震家絕命

兄酉作軍營刺客来谋祗少女傷夫早花木子異
情门前三五厕宅舍不光明風水狐绝地女佛擇
塟營
占宅家有公婆不安第八位人口舌屋后有破缺風
出人有疾缺口跨脚三門直出兩路冲行臭頭缺
口之蠶斜眼聚言之輩白額斗白腰馬左边樓右
边屋犬逐鷄飛猪隨馬走公曲腰婆馱脚兌卦巫
家之中口舌殃青龍穿棟梁白蟻蝕楣枋東边夫

離婦西畔子過房劝君謹出住金銀滿倉箱兊化
坎初爻戊寅蛇背後隔煞回歸天空绝十耗才帛
离兊未寧瘡疥加身頭破肩斜酉風吹子棄家
占婚姻女傷夫　占胎少婦生男壯父生女　占
遺失老人收公吏老人見之　占功名主成名淂
鹿鳴之宴五爻酉為本身祿三爻父會祿是也
占蠶难成　兄化震因花喪命烈女殺夫因奸致
死　功名殿試為奏名

困厄也　五月卦伏已及此震家外戒
困屋再新奇曾是一個池殺氣冲司命不移呈禍
机妻子為全論子息為居遲爵宝欢隨任道途兑
賊欺
占宅屋乃塡田為基初央口防宅毋有災宅勢如牌
形式中埋、碙竃地上鋪磚石異、毋共父之子別姓
人居之人〻貪我地欲為坟我貪他地出見孫九
個兒孫敗一塲山水宜豈留赤脚婢不見白頭翁

人若卜此卦須教家道亡　占坟浮龜之穴形如
牌四圍有砍前後屋冲射左右塚相形萬崖傾家
賭賻人　占婚姻女高而秀　占胎未動過月方
生　占遺失生物在園內死物在箱籠　占訟禁
錮終身上枷帶鎖未得脫　占病犯落水鬼及塚
鬼為禍大小便不通困鈍难愈至冬至决獄之時
方愈

萃 聚也　六月卦伏卯財此震家內戒

華說東墻事醜声滿涯除三門終損坏四户可言
虗求反宜牽步任近擢方殊獄患須斷木才賓滿
舟事

占宅屋近宮廟二姓仝居寄生寄死小口常災新旧
二灶〻長巷之中一井無水乙未初爻白虎善神
猛將參差丁未上爻青龍雕象画形共事既知華（卒）
地華目下有官亢濁廁鄰枯井新接旧户郎別妻
承子殘妾奪人夫二年死二子拜蒼天息扶華字

草下卒匕死也亦軍卒之輩下有十字取十月十日之應父早喪　占婚姻其女尅夫害子　占坟後草坡脫一金星葢土塟後宜損小口樹木遮前后人家墓与鄰若無軍役戲賴一名　占訟三人在内到底有人死見大良非不然軍卒在内　占遺失左寺中覔中或左竹林中尋

咸

咸感也　正月卦伏丑癸此坎家骸骨

咸人妻不在續娶咲顏閙閙非良事作懇息庶無

灾宅舍貪丁有農業好安排胎决难產重少婦夭
嬰殃

占宅添一口不添則減一口一山三樣向一重二樣
門家合二姓住一男娶來二姓婦一宅養得二姓
子兩頭香火出地不安屋後水一來一往寄生寄
死門石兩般樣棟樑宜改換新園地重新井信菱
拔銅鐵磁盞作香炉　占坟單家業近田水之處
只墓一壙祖埋孤金先損一口龍虎沙飛先有回

房後存一房卦占澤山咸坟移恐不安弟兄今日
吉後涙司馬衫臧却殃児地尤了凰与凰口舌年
上有外禍积尘出　占遺失近樹边或在人家求
可尋有火婦寺說信　占婚姻配得但子息晚
占蚕絲多則有白疆　占訟有單人在内必賴單
身在囚牢　占功名亦主高顯　占求友主心有
疑慮
蹇难也　八月卦伏亥子出坎家根椰

祿士西南顯孤喪西北延水陸皆遲滯行前嘆釜
愁疾人傷骨足信通妻不賢老才生一子後買與
神仙

占宅左右牛欄坐下有三災一反非二足疾三火光
屋後有古墳地下有伏尸灶君無位土地失牌戌
在五丈壁上藏首飾申居三位甕中拾耳環三丈
兄弟哭則豬犬走出六爻子孫動則童僕奔亡家
有二井已哭一井在竈邊食一井在廚邊在外是

厠边井申在三爻是虎边井艮屎之矣後有窟堀
戌是火庫也蹇卦既明来家中起禍胎鄰妻偷布
足獄見偷資財妝娌常争訟兄弟與鬧精寄語共
莫往遠者買棺材　占坎金蓋土否則大石边已
二小砂田園賣尽子孫卒此卦山川送妫路　占
婚姻其女其婿若無夬足則媒有破相有三人為
媒　占胎產前若不近井厠有足疾或脚踏蓮花
生　占蚕多白殭　占遺失左井边或窟堀處或

水溝處　占病過三春
謙退也　九月卦伏酉兄此坎家血脉
謙已以下人大志未及伸宅坎偏作禍鬼子損精
神守贖齡焉消儈家昔餓貧商産非宜卜偏宜音
信通
占宅謙遜也居不住讓与人也昔住人極富今住人
極貧架時若不遇兩居亦在水边寄死不安司命
灶破亦宜修補老婦持齋積德傍人無言是非夫

妻难為諧老子孫宗支继抱前後初四左右鄰屋
無戲少男肫書志顯孟毋三遷有為内外無才後
代伶仃　占行人雖有好友却無路糧　占坟君
子譙〻淡大川龍生遠　下平田若人塋係子孫
牧騎馬楊州萬貫銭牧财極难三代後前後屋缺
連土势托山微断續不一地亦廢餓但塋不得地
兼字草頭姓人如無草頭人無人也

小過　也

扣戶道長符老婦淂士夫孔子遭厄难卜筮喪明
儒睛明今日現產亡子毋軀天時主火旱晚命致
神誅
占宅三寸舌為家計宜口舌人居之後壁小門龍頭
有屋造下三年有災禍男才女家侄妹往婦處居
妯娌與長事乃墻之過於坟墓應不穩葬之災青
加陰陽未合胎息看文書寡媽絳孫孀婦哭夫
占婚姻媒兩人婚兩人恐未成　占坟根葬崩墜

處上下古坟家拋荒無人祀祔不貪惡毒　占胎

胎中有灾祀灶保兒难养难產　占天有雷即止

主大晴　占訟先凶後吉先大後小事在留連未

浔脫　占命父先死　占遺失死物在屋边生物

在山頭有二小屋近橋處　占病進退留連日輕

夜重精神被行灾使着鎖在鉄鐘下或呪咀被人

下帘打　占盜在重樓人家左边有水或曲尺路

去東北方寺覌边尋

歸妹終也　七月卦伏申兑此震家塚墓
二姓合一宗兇賊才相通正印兼權職妻全子不
功招婿歸寡女兩鄰有丧凶出入無官向侍妾多
泛容
占宅一人在阜下石右边在弔客上有兩口不全主
失人口妹字有人左外而亡五爻為人敗午也又
持世不出丁應世刑過房兆魚涸水秤有禍孕婦
小憂生貴子因人多闹春貧兇墓中虫頻遺凶水

宅裡犧牲被血池子午辰連花犯煞直須修醮保
無危　占坟左边多空缺原先埋有人右畔田園
地兩口不週全山脉歆不正頹祖歸回龍子孫能
顯耀婦女有風情古人埋雜處今人居宅明木虛
丁未有仍恐继螟蛉　占胎未成產　占盜布足
能見其餘难尋女人知之　占婚姻女人羨風月
趣未得東方木姓方姓人夫忌失眉　占訟有女
人在内係暗昧之事防吊頸未得脱未帰　終

占筮類			
1	擲地金聲搜精秘訣	心一堂編	沈氏研易樓藏稀見易占秘鈔本
2	卜易拆字秘傳百日通	心一堂編	
3	易占陽宅六十四卦秘斷	心一堂編	火珠林占陽宅風水秘鈔本
星命類			
4	斗數宣微	【民國】王裁珊	民初最重要斗數著述之一；未刪改本
5	斗數觀測錄	【民國】王裁珊	失傳民初斗數重要著作
6	《地星會源》《斗數綱要》合刊	心一堂編	失傳的第三種飛星斗數
7	《斗數秘鈔》《紫微斗數之捷徑》合刊	心一堂編	珍稀「紫微斗數」舊鈔
8	斗數演例	心一堂編	秘本
9	紫微斗數全書（清初刻原本）	題【宋】陳希夷	斗數全書本來面目；有別於錯誤極多的坊本
10-12	鐵板神數（清刻足本）——附秘鈔密碼表	題【宋】邵雍	無錯漏原版秘鈔密碼表　首次公開！
13-15	蠢子數纏度	題【宋】邵雍	蠢子數連密碼表打破數百年秘傳　首次公開！
16-19	皇極數	題【宋】邵雍	清鈔孤本附起例及完整密碼表研究神數必讀！
20-21	邵夫子先天神數	題【宋】邵雍	附手鈔密碼表研究神數必讀！
22	八刻分經定數（密碼表）	題【宋】邵雍	皇極數另一版本；附手鈔密碼表
23	新命理探原	【民國】袁樹珊	子平命理必讀教科書！
24-25	袁氏命譜	【民國】袁樹珊	
26	韋氏命學講義	【民國】韋千里	民初二大命理家南袁北韋
27	千里命稿	【民國】韋千里	
28	精選命理約言	【民國】韋千里	北韋之命理經典
29	滴天髓闡微——附李雨田命理初學捷徑	【民國】袁樹珊、李雨田	命理經典未刪改足本
30	段氏白話命學綱要	【民國】段方	民初命理經典最淺白易懂
31	命理用神精華	【民國】王心田	學命理者之寶鏡

32	命學探驪集	【民國】張巢雲	發前人所未發 稀見民初子平命理著作
33	澹園命談	【民國】高澹園	
34	算命一讀通——鴻福齊天	【民國】不空居士、覺先居士合纂	
35	子平玄理	【民國】施惕君	
36	星命風水秘傳百日通	心一堂編	
37	命理大四字金前定	題【晉】鬼谷子王詡	源自元代算命術
38	命理斷語義理源深	心一堂編	稀見清代批命斷語及活套
39－40	文武星案	【明】陸位	失傳四百年《張果星宗》姊妹篇 千多星盤命例　研究命學必備
相術類			
41	新相人學講義	【民國】楊叔和	失傳民初白話文相術書
42	手相學淺說	【民國】黃龍	民初中西結合手相學經典
43	大清相法	心一堂編	重現失傳經典相書
44	相法易知	心一堂編	
45	相法秘傳百日通	心一堂編	
堪輿類			
46	靈城精義箋	【清】沈竹礽	沈氏玄空遺珍 玄空風水必讀
47	地理辨正抉要	【清】沈竹礽	
48	《玄空古義四種通釋》《地理疑義答問》合刊	沈瓞民	
49	《沈氏玄空吹虀室雜存》《玄空捷訣》合刊	【民國】申聽禪	
50	漢鏡齋堪輿小識	【民國】查國珍、沈瓞民	
51	堪輿一覽	【清】孫竹田	失傳已久的無常派玄空經典
52	章仲山挨星秘訣（修定版）	【清】章仲山	章仲山無常派玄空珍秘 門內秘本首次公開
53	臨穴指南	【清】章仲山	
54	章仲山宅案附無常派玄空秘要	心一堂編	沈竹礽等大師尋覓一生末得之珍本！
55	地理辨正補	【清】朱小鶴	玄空六派蘇州派代表作
56	陽宅覺元氏新書	【清】元祝垚	簡易・有效・神驗之玄空陽宅法
57	地學鐵骨秘　附　吳師青藏命理大易數	【民國】吳師青	釋玄空廣東派地學之秘
58－61	四秘全書十二種（清刻原本）	【清】尹一勺	玄空湘楚派經典本來面目 有別於錯誤極多的坊本

62	地理辨正補註　附 元空秘旨　天元五歌　玄空精髓　心法秘訣等數種合刊	【民國】胡仲言	貫通易理、巒頭、三元、三合、天星、中醫
63	地理辨正自解	【清】李思白	公開玄空家「分率尺、工部尺、量天尺」之秘
64	許氏地理辨正釋義	【民國】許錦灝	民國易學名家黃元炳力薦
65	地理辨正天玉經內傳要訣圖解	【清】程懷榮	秘訣一語道破，圖文并茂
66	謝氏地理書	【民國】謝復	玄空體用兼備、深入淺出
67	論山水元運易理斷驗、三元氣運說附紫白訣等五種合刊	【宋】吳景鸞等	失傳古本《玄空秘旨》《紫白訣》
68	星卦奧義圖訣	【清】施安仁	三元玄空門內秘笈　清鈔孤本 過去均為必須守秘不能公開秘密 與今天流行飛星法不同
69	三元地學秘傳	【清】何文源	
70	三元玄空挨星四十八局圖說	心一堂編	
71	三元挨星秘訣仙傳	心一堂編	
72	三元地理正傳	心一堂編	
73	三元天心正運	心一堂編	
74	元空紫白陽宅秘旨	心一堂編	
75	玄空挨星秘圖　附 堪輿指迷	心一堂編	
76	姚氏地理辨正圖說　附 地理九星并挨星真訣全圖　秘傳河圖精義等數種合刊	【清】姚文田等	蓮池心法　玄空六法 門內秘鈔本首次公開
77	元空法鑑批點本——附 法鑑口授訣要、秘傳玄空三鑑奧義匯鈔　合刊	【清】曾懷玉等	
78	元空法鑑心法	【清】曾懷玉等	
79	蔣徒傳天玉經補註	【清】項木林、曾懷玉	揭開連城派風水之秘
80	地理學新義	【民國】俞仁宇撰	
81	地理辨正揭隱（足本）　附連城派秘鈔口訣	【民國】王邈達	
82	趙連城傳地理秘訣附雪庵和尚字字金	【明】趙連城	
83	趙連城秘傳楊公地理真訣	【明】趙連城	
84	地理法門全書	仗溪子、芝罘子	巒頭風水，內容簡核、深入淺出
85	地理方外別傳	【清】熙齋上人	巒頭形勢、「望氣」「鑑神」
86	地理輯要	【清】余鵬	集地理經典之精要
87	地理秘珍	【清】錫九氏	巒頭、三合天星，圖文並茂
88	《羅經舉要》附《附三合天機秘訣》	【清】賈長吉	清鈔孤本羅經、三合訣法圖解
89-90	嚴陵張九儀增釋地理琢玉斧巒	【清】張九儀	清初三合風水名家張九儀經典清刻原本！

91	地學形勢摘要	心一堂編	形家秘鈔珍本
92	《平洋地理入門》《巒頭圖解》合刊	【清】盧崇台	平洋水法、形家秘本
93	《鑒水極玄經》《秘授水法》合刊	【唐】司馬頭陀、【清】鮑湘襟	千古之秘，不可妄傳匪人
94	平洋地理闡秘	心一堂編	雲間三元平洋形法秘鈔珍本
95	地經圖說	【清】余九皋	形勢理氣、精繪圖文
96	司馬頭陀地鉗	【唐】司馬頭陀	流傳極稀《地鉗》
97	欽天監地理醒世切要辨論	【清】欽天監	公開清代皇室御用風水真本
三式類			
98－99	大六壬尋源二種	【清】張純照	六壬入門、占課指南
100	六壬教科六壬鑰	【民國】蔣問天	由淺入深，首尾悉備
101	壬課總訣	心一堂編	過去術家不外傳的珍稀六壬術秘鈔本
102	六壬秘斷	心一堂編	
103	大六壬類闡	心一堂編	
104	六壬秘笈——韋千里占卜講義	【民國】韋千里	六壬入門必備
105	壬學述古	【民國】曹仁麟	依法占之，「無不神驗」
106	奇門揭要	心一堂編	集「法奇門」、「術奇門」精要
107	奇門行軍要略	【清】劉文瀾	條理清晰、簡明易用
108	奇門大宗直旨	劉毗	天下孤本　首次公開 虛白廬藏本《秘藏遁甲天機》
109	奇門三奇干支神應	馮繼明	
110	奇門仙機	題【漢】張子房	奇門不傳之秘　應驗如神
111	奇門心法秘纂	題【漢】韓信（淮陰侯）	
112	奇門廬中闡秘	題【三國】諸葛武侯註	
選擇類			
113－114	儀度六壬選日要訣	【清】張九儀	清初三合風水名家張九儀擇日秘傳
115	天元選擇辨正	【清】一園主人	釋蔣大鴻天元選擇法
其他類			
116	述卜筮星相學	【民國】袁樹珊	民初二大命理家南袁北韋
117－120	中國歷代卜人傳	【民國】袁樹珊	南袁之術數經典